CN00496890

COMPRENDRE
LA LITTÉRATURE

HONORÉ DE BALZAC

La Femme de trente ans

Étude de l'œuvre

© Comprendre la littérature.

1 rue Honoré - 93500 Pantin.

ISBN 978-2-7593-1204-7

Dépôt légal : Mai 2021

Impression Books on Demand GmbH

In de Tarpen 42

22848 Norderstedt, Allemagne

SOMMAIRE

BIOGRAPHIE DE
HONORÉ DE BALZAC

Écrivain français né à Tours en 1799, Honoré de Balzac a exercé de nombreuses activités. Principalement connu comme romancier, il a également été dramaturge, critique d'art, essayiste, critique littéraire, journaliste ou encore imprimeur. *La Comédie humaine*, qui regroupe pas moins de 137 livres, représente, aujourd'hui encore, une des œuvres les plus vastes de la littérature française.

D'abord pensionnaire au collège des oratoriens de Vendôme de 1807 à 1813, le jeune Balzac poursuivra sa scolarité au collège de Tours en 1814, avant d'intégrer, cette même année, la pension Lepître, puis l'institution de l'abbé Ganser en 1815, toutes deux situées dans le quartier du Marais à Paris.

En 1816, Balzac entre comme clerc chez un avoué, ami de son père. Il s'inscrit à la Faculté de droit et suit, en parallèle, des cours à la Sorbonne, ainsi qu'au Muséum d'Histoire naturelle où il s'intéresse notamment aux travaux de Geoffroy Saint-Hilaire. Balzac se passionne alors pour la philosophie et affirme une vocation littéraire.

En 1819, la famille se retire de Paris et installe Balzac dans une petite mansarde pour lui permettre de tenter une expérience littéraire d'un an. Le tout jeune écrivain rédige alors une tragédie en vers, *Cromwell* (1821), qui sera un échec cuisant.

Un ami de la famille lui déconseille alors de poursuivre dans cette voie. Balzac décide donc de se consacrer au roman. Il rédige des œuvres dans le goût de l'époque, sous divers pseudonymes. En 1822, il fait la rencontre de Madame de Berny, plus âgée que lui, qui le soutiendra dans ses tâches et l'initiera au goût de l'Ancien Régime. Plus tard, l'auteur reviendra sur ses œuvres de jeunesse qu'il qualifiera lui-même de « cochonneries littéraires ».

Entre 1825 et 1828, Balzac abandonne quelque temps l'écriture et se consacre à de nouvelles activités. Tour à tour libraire, imprimeur et fondeur, il ressortira criblé de dettes de ces diverses expériences.

Il revient ensuite à la littérature et publie deux œuvres en 1829, qui marqueront le début de son succès : *Les Chouans* et *Physiologie du mariage*. Balzac devient alors un auteur très prolifique et très en vue dans les milieux bourgeois parisiens. Il fréquentera également les salons, dont celui de la comtesse d'Abrantès, avec qui il entretiendra une relation houleuse.

Durant un temps, Balzac est séduit par une carrière politique. En 1832, il défend des idées monarchistes et catholiques, en totale opposition avec ses opinions d'origine, et élabore une doctrine sociale basée sur l'autorité politique et religieuse.

À partir de 1833, commence sa correspondance avec la comtesse Hanska, une admiratrice polonaise qu'il rencontre à plusieurs reprises en Saxe, en Suisse et en Russie. Balzac la courtisera durant dix-sept années avant de l'épouser. Ses lettres seront regroupées après la mort de l'auteur dans un recueil intitulé *Lettres à l'étrangère*.

Entre 1830 et 1835, Balzac produit de nombreux romans, qui traceront les grandes lignes de ce qui deviendra *La Comédie humaine*. *La Peau de chagrin* (1831), *Louis Lambert* (1832), *Seraphîta* (1834) et *La Recherche de l'absolu* (1834) sont des « romans philosophiques ». Les « scènes de la vie privée » débutent avec *Gobsek* (1830) et *La Femme de trente ans* (1832) ; les « scènes de la vie parisienne » avec *Le Colonel Chabert* (1832). L'écrivain développe les « scènes de la vie de province » avec de véritables succès littéraires tels que *Le Curé de Tours* (1832) et *Eugénie Grandet* (1833). *Le Médecin de campagne* (1833) qui illustre, lui, les « scènes de la vie de campagne », met en place un système économique et social.

Le Père Goriot (1834) marque un tournant majeur dans

l'élaboration de *La Comédie humaine*, puisqu'apparaissent, pour la première fois, des personnages déjà connus des lecteurs, car présents dans certaines des œuvres publiées auparavant par Balzac. Ce système de « personnages reparaissants » va contribuer à la mise en place d'une œuvre cyclique qui fera « concurrence à l'état civil ».

Entre 1835 et 1843, les œuvres se multiplient à un rythme effréné : *Le Lys dans la vallée* (1835), *Histoire de la grandeur et de la décadence de César Birotteau* (1837), *La Maison Nucingen* (1838), *Le Curé de village* (1839), *Beatrix* (1839), *Ursule Mirouët* (1841) ou encore *Illusions perdues* dont la rédaction s'étale de 1837 à 1843.

En 1838, Balzac fonde la « Société des gens de Lettres » avec d'autres auteurs tels que Victor Hugo, George Sand ou encore Alexandre Dumas. Grand défenseur des droits des écrivains, il devient président de cette association en 1839. Émile Zola lui succèdera par la suite.

Entre 1847 et 1848, Balzac séjourne chez la comtesse Hanska. Il l'épousera en mai 1850 et ils s'installeront ensemble à Paris une semaine après. Frappé par la maladie, Balzac meurt le 19 août 1850. Il est inhumé au Cimetière du Père-Lachaise à Paris, où Victor Hugo prononcera son oraison funèbre.

Après sa mort, la comtesse Hanska poursuit la publication des œuvres de Balzac, pour la plupart inachevées. La première édition complète de ses œuvres paraît en 1877.

PRÉSENTATION DE LA FEMME DE TRENTE ANS

L'histoire de l'écriture et de la parution de *La Femme de trente ans* est, pour le moins, originale et plutôt complexe. Le roman est composé de six tableaux, qui ont tous été rédigés à des moments différents et, surtout, dans un ordre qui n'est pas celui que le lecteur connaît aujourd'hui.

À la fin du mois de janvier 1831, paraît, dans la *Revue de Paris*, *Les Deux rencontres*. Deux mois plus tard, dans la même revue, paraîtra *Le Doigt de Dieu*. Un an après, en avril 1832, c'est la nouvelle *La Femme de trente ans* – qui deviendra par la suite : *À trente ans* – qui est publiée. La même année, *Expiation*, qui prendra ensuite le titre de *La Vieillesse d'une mère coupable*, paraît dans les *Scènes de la vie privée*. *La Vallée du torrent*, qui fait suite à l'épisode *Le Doigt de Dieu*, est publiée en 1834 dans les *Études de mœurs*. La même année, Balzac rédige *Souffrances inconnues* pour ses *Scènes de la vie privée*, dans les *Études de mœurs*.

Initialement, tous ces tableaux n'étaient pas destinés à former un roman unique. Pourtant, tous semblaient mettre en scène un seul et même personnage, à différentes époques de sa vie : Julie d'Aiglemont. Après avoir unifié l'ensemble des différents tableaux sous le titre définitif de *La Femme de trente ans*, l'auteur a harmonisé le nom de ses personnages. Malgré des incohérences chronologiques, le roman unifié a connu sa première publication en 1842.

RÉSUMÉ DU ROMAN

L'action débute en avril 1813. Julie et son père assistent à la parade des troupes napoléoniennes et de l'Empereur lui-même aux Tuileries. Victor d'Aiglemont est colonel de l'armée impériale. Lui et Julie s'aiment. Lors d'une discussion, le père de cette dernière la met en garde contre Victor et lui prédit un avenir malheureux avec lui.

En mars 1814, le colonel Victor d'Aiglemont et Julie sont mariés. Celui-ci doit aller combattre pour l'Empereur. Il décide d'éloigner sa femme de Paris et la confie à sa tante, Madame de Listomère-Landon, qui vit à Tours. En chemin, ils rencontrent un Anglais à cheval.

Julie et Madame de Listomère se lient rapidement d'amitié. Un soir, alors que Julie pleure seule dans sa chambre, Madame de Listomère l'y rejoint. La jeune femme lui fait lire une lettre qu'elle a rédigée pour sa plus chère amie, Louisa, qui doit bientôt se marier, et dans laquelle elle lui explique à quel point le mariage est loin d'être ce qu'elles imaginaient enfant. Madame de Listomère, en discutant avec Julie, comprend alors que celle-ci n'aime plus son neveu, Victor, et est profondément malheureuse dans son mariage. Madame de Listomère devient une vraie mère de substitution pour Julie et lui apporte de nombreux conseils au sujet de son mariage avec Victor.

Un jour, un coursier envoyé par Victor vient apprendre à Julie que les troupes napoléoniennes sont tombées et que les Bourbons sont sur le point de revenir au pouvoir. Il souhaite que son épouse le rejoigne le plus rapidement possible à Orléans, afin qu'ils regagnent Paris ensemble. En chemin, Julie, sa femme de chambre et le coursier sont arrêtés à Blois par des Prusses. L'Anglais, rencontré lors de son arrivée à Tours, qui n'a cessé de nourrir un amour profond pour Julie et qui la suivait sur la route qui devait la mener à Orléans, les fait libérer.

Après avoir rejoint Paris, Victor obtient le statut de marquis. Julie, qui a perdu le soutien précieux de Madame de Listomère, décédée, poursuit sa vie en compagnie de son époux, toujours plus malheureuse et déçue de son mariage.

En 1817, Julie donne naissance à une petite fille, Hélène. Mère dévouée et soucieuse du bien-être de son enfant, elle goûte durant deux années aux plaisirs d'une vie moins malheureuse. Mais en 1819, Julie comprend que son mari ne l'aime plus et qu'il voue désormais un intérêt tout particulier à Madame de Serizy. L'année suivante, cette dernière organise une soirée chez elle. Julie, décidée à se montrer combattive pour garder son époux auprès d'elle, s'y rend. Lors de cette soirée, elle retrouve le jeune Anglais, Arthur Grenville, à qui elle a souvent pensé depuis son départ de Tours.

Celui-ci, sachant Julie malade, propose à Victor de la soigner. Tous partent vivre en Touraine. Un jour de l'année 1821, Julie et Arthur s'avouent leur amour, mais la jeune femme explique à l'Anglais qu'elle ne peut céder à ses avances et lui demande de partir.

De retour à Paris, Julie continue de mener une vie malheureuse auprès de Victor. Un soir, deux années plus tard, le mari annonce à sa femme qu'il part chasser durant huit jours. À peine parti, on annonce à Julie l'arrivée de lord Grenville : celui-ci n'a pu se résigner à partir comme elle le lui avait demandé. Alors que la jeune femme est sur le point de céder à sa passion pour Arthur, son époux rentre : sa partie de chasse est annulée. Lord Grenville a tout juste le temps de se dissimuler sur le rebord de la fenêtre, où il passera la nuit et mourra de froid.

Souffrances inconnues

Vers la fin de l'année 1820, Julie vient s'installer dans son château de Saint-Lange avec sa fille Hélène. Là-bas, elle rumine son malheur et ne peut se résoudre à oublier ses sentiments pour Arthur qui est décédé.

Elle rencontre le prêtre du village, avec qui elle entretient de longues conversations. Le prêtre essaie de l'amener à la Religion, en laquelle Julie refuse de croire. Elle lui avoue par ailleurs, à quel point elle souffre de l'absence de celui qu'elle aime et combien elle a souhaité mourir pour le rejoindre.

Julie exprime également la confusion des sentiments qui l'anime par rapport à sa fille. Elle se comporte à son égard, en mère dévouée et présente. Mais elle ne peut s'empêcher de ne pas l'aimer, car elle n'est pas d'Arthur, et lui rappelle chaque fois combien elle mène une vie malheureuse avec Victor, pour qui elle n'éprouve plus d'amour depuis longtemps.

En octobre (l'année n'est pas précisée), Julie quitte Saint-Lange.

À trente ans

Alors qu'il est sur le point de quitter Paris pour rejoindre Naples, Charles de Vandenesse se rend chez Madame Firmiani, afin de la remercier des lettres de recommandation qu'elle lui a faites pour son arrivée en Italie.

Madame Firmiani tient à lui présenter la marquise d'Aiglemont. Cette dernière et Charles passent de nombreuses heures à discuter ensemble. Tous deux deviennent très proches et commencent à éprouver des sentiments l'un pour l'autre. Charles décide de ne plus quitter la France et de rester à Paris afin d'être auprès de Julie.

Le doigt de Dieu

Un jeune homme, en compagnie de Julie et de ses deux enfants, Hélène et Charles, se promène le long de la Bièvre. La petite semble se tenir en retrait et éprouver une certaine jalousie, ainsi que de la colère, vis-à-vis de son frère. Lorsque le jeune homme les quitte, Charles vient demander à sa sœur pourquoi elle n'a pas dit au revoir à leur ami. La petite, dans un excès de rage, pousse son petit frère, qui trébuche, tombe dans la Bièvre et se noie.

Deux ou trois années plus tard, alors que Victor et Julie organisent un dîner chez eux, ce dernier quitte la table afin d'emmener ses deux jeunes enfants à un spectacle. Peu de temps après, ils rentrent. Les enfants sont en pleurs : Gustave, parce qu'il n'a pas pu voir le spectacle jusqu'à la fin ; Hélène, en raison du thème du spectacle. La pièce s'intitulait « La Vallée du torrent » et racontait l'histoire d'un petit garçon, « seul au monde, parce que son papa n'avait pas pu être son père ». Alors qu'il marchait sur le pont situé au-dessus du torrent, un vilain monsieur l'a poussé dans l'eau.

Les deux rencontres

Julie, son époux, et leurs quatre enfants (Hélène, Gustave, Abel et Moïna) passent quelques jours dans leur maison de campagne, située près de Versailles. Un soir, un homme leur demande de l'accueillir, car des gens sont à sa poursuite. Dubitatif, le colonel accepte, mais comprend bien vite que l'homme en question est un voleur et est recherché pour meurtre. Hélène, la fille aînée, voit en cet homme l'occasion de quitter cette famille où elle ne se sent pas à sa place et désire s'enfuir avec lui. Malgré le désaccord de son père, et après une discussion houleuse, celle-ci quitte le foyer familial avec le voleur.

Sept années plus tard, le colonel d'Aiglemont se trouve à bord d'un navire. L'équipage est attaqué par des pirates et fait prisonnier. Alors que le colonel est sur le point de se battre en duel avec le chef des pirates, il reconnaît en ce dernier le mari de sa fille Hélène. Le marquis retrouve sa fille, femme comblée par son époux et mère heureuse de quatre enfants.

Alors qu'ils abordent les côtes françaises, le colonel demande à sa fille de venir avec lui, afin qu'elle retrouve ses frères et sœurs, et sa mère. Celle-ci refuse, préférant mener cette vie de pirate, et rester auprès de son époux, qu'elle aime et qui la comble de bonheur.

Quelque temps après, en 1833, le colonel meurt d'épuisement. Julie accompagne sa fille Moïna dans les Pyrénées. Alors que cette dernière a subi les cris d'une mère et de son enfant dans la chambre d'à côté, Julie va se plaindre auprès de la maîtresse de l'hôtel. Cette dernière lui raconte que la femme en question est arrivée la veille, avec son petit dans les bras, et qu'ils étaient tous deux mourants. À ces mots, Julie propose à l'hôtesse de payer pour eux tous les frais nécessaires à leurs soins, puis elle se rend dans la chambre de la jeune femme. C'est alors qu'elle reconnaît sa fille Hélène. Tout juste rescapée d'un naufrage, elle n'a pu sauver que le plus petit de ses enfants et était arrivée à l'hôtel à pied depuis l'Espagne. La jeune femme, mourante, émet des reproches à l'encontre de sa mère et l'estime responsable de ses malheurs. Son enfant meurt dans ses bras, et elle finit par succomber à son tour.

La vieillesse d'une mère coupable

En 1844, Julie a perdu quatre de ses enfants. Seule Moïna est encore en vie. La marquise lui a légué sa fortune, afin qu'elle s'assure un avenir confortable. La jeune comtesse d'Aiglemont est amoureuse d'Alfred de Vandenesse, fils de Charles, ancien amant de Julie.

Julie souhaite mettre Moïna en garde contre Alfred, rongée par la culpabilité de ne lui avoir jamais révélé que Charles était son père. Alors qu'elle essaie de le faire, sa fille lui exprime, de nouveau, une marque de mépris. La marquise quitte la pièce, puis prise d'une douleur au cœur, s'effondre sur un banc. Elle meurt peu de temps après.

LES RAISONS
DU SUCCÈS

Comme pour bon nombre des œuvres balzaciennes, le succès de *La Femme de trente ans* tient au regard que l'écrivain
pose sur la femme, et surtout à la manière dont il en parle et
la met en scène.

Balzac a souvent été loué pour sa capacité à représenter
la condition féminine dans ses romans, comme aucun autre
n'a su le faire avant lui. En témoignent de nombreuses réac-
tions, notamment après la publication du *Colonel Chabert*
(1832) où l'on a pu lire : « C'est M. de Balzac qui a inventé
les femmes. Dieu, que de femmes sont sorties du crâne de
M. de Balzac », « M. de Balzac est l'historien privilégié des
femmes, il excelle à traduire les causes secrètes et inaperçues
de leurs déterminations, […] il s'est presque partout constitué
leur avocat » ou encore « du reste, mesdames, si M. Balzac est
un grand écrivain, c'est bien aussi l'homme qui fait sur nous
les plus infâmes révélations. N'importe, soyons magnanimes,
admirons, célébrons le talent, même chez nos ennemis ».

Dans le cas précis de *La Femme de trente ans*, l'auteur
crée un véritable type féminin, absolument révolutionnaire
et contribuant à la formation d'un mythe. La structure de
l'œuvre en tableau permet à Balzac de retracer les différentes
étapes de la vie d'un personnage central, Julie, conditionné
par les différents âges auxquels il nous la présente.

Chacun des six chapitres du roman sont l'occasion de
mettre en scène le même personnage, dans des situations de
crises à chaque fois renouvelées, tout en donnant l'impression
qu'il s'agit d'un autre personnage. Cette démultiplication de
la figure de Julie (présentée tour à tour comme jeune femme,
puis comme femme mariée, adultère ou comme femme-mère)
permet, en réalité, une progression vers la création d'un type :
celui de la femme de trente ans.

Chacun des tableaux se présente comme un texte auto-
nome, et c'était d'ailleurs bel et bien le cas lors de leur

rédaction, comme nous l'avons expliqué dans la présentation de l'œuvre. Mais chacun de ces textes individuels contribue, en réalité, à un même objectif : dépeindre la femme, ou plus précisément une femme, à différents moments clés de sa vie, pour en faire un portrait type, assimilable à la femme en général.

C'est précisément l'universalité de cette observation scientifique, chère à Balzac, de la condition de la femme qui fait de ce roman une œuvre inédite et révolutionnaire.

LES THÈMES
PRINCIPAUX

La Femme de trente ans dépeint l'image d'une femme, Julie, dans tout ce que comporte et implique ce statut. Présentée, tout d'abord, comme une jeune fille amoureuse d'un militaire et aspirant à une vie maritale heureuse, Julie d'Aiglemont, une fois mariée, devient rapidement la représentation de la femme aliénée et déçue par le mariage.

C'est le bonheur de la maternité, avec la naissance d'Hélène, qui la sortira temporairement de cet état. Temporairement, en effet, car Hélène n'est pas une enfant de l'amour, mais plutôt d'une convenance sociale : le mariage doit nécessairement aboutir à l'enfantement. Ainsi, la souffrance du mariage est brièvement compensée par le pouvoir d'être mère, qui redonne un sens à la vie de Julie. Cependant, ce nouveau statut de mère ne retire finalement pas la souffrance de la femme mariée, mal-aimée et trompée par son époux.

C'est dans l'adultère que Julie trouvera une consolation, temporaire elle-aussi. Tout d'abord en compagnie d'Arthur Grenville. Cependant, cet amour adultère restera inaccompli et, pire, il prendra fin avec la mort de ce dernier, qui a souhaité protéger l'honneur de Julie. Le retour à une vie conjugale malheureuse n'en est que plus difficile et insupportable pour la jeune femme, qui évoque, à plusieurs reprises, le désir de mourir. Une nouvelle accalmie se présente avec la rencontre de Charles de Vandenesse, amour adultère consommé cette fois-ci, mais qui se trouve, en réalité, à l'origine d'une maternité coupable : Hélène déteste sa mère et provoque, lors d'un accident, la mort de son petit frère Charles ; Moïna est le fruit de l'adultère de Julie avec Charles et s'apprête à épouser le fils de Charles, qui n'est autre que son frère.

La Femme de trente ans constitue donc un véritable roman sur la condition féminine. Mais cela n'en fait pas uniquement un roman sur la femme. Tout au contraire, les hommes y ont une place prépondérante, ce qui permet de mettre en place la condition féminine dans ses rapports aux hommes et à la société et, plus globalement, d'analyser les rapports sociaux entre les différents sexes.

La présence de la figure masculine apparaît sous divers aspects et permet de dépeindre l'ensemble des rapports possibles entre homme et femme. La perspective amoureuse est, sans aucun doute, celle qui apparaît le plus aisément : on trouve, bien évidemment, le mari, Victor d'Aiglemont, époux indélicat, mal-aimant et bête. Vient ensuite l'amant platonique, à travers la figure d'Arthur Grenville. Et enfin, l'amant avec qui Julie commet l'adultère, Charles de Vandenesse.

La perspective familiale permet également de placer la femme, à travers le personnage de Julie, dans son rapport aux hommes. Apparaît tout d'abord son père, qui la met en garde contre les malheurs qui l'attendent si elle se marie avec Victor. Viennent ensuite Victor d'Aiglemont, comme époux et père, puis Charles de Vandenesse, en tant qu'amant et père lui aussi. Enfin, les enfants permettent également d'attribuer un rôle particulier à Julie.

En outre, la masculinité est symbolisée à travers deux dimensions, qui contribuent à l'élaboration de types. En effet, d'une part, on trouve les hommes de savoir, à travers les figures du prêtre de Saint-Lange ou encore d'Arthur Grenville comme médecin. Et d'autre part, il y a les hommes de pouvoir, notamment à travers le personnage du mari, à la fois militaire et diplomate.

Avant toute chose, Julie est femme, mais également épouse, amante, fille et mère. Et chacun de ces rôles est conditionné par une présence masculine particulière.

ÉTUDE DU MOUVEMENT LITTÉRAIRE

Pour bien saisir l'enjeu de *La Femme de trente ans*, il faut sans aucun doute replacer l'œuvre dans son contexte littéraire. Influencé par Saint-Hilaire, qui défend l'idée que les espèces animales sont conditionnées par leurs milieux, Balzac décide d'étendre ce principe aux Hommes et à la société qui les entoure, en portant sur eux un regard attentif et minutieux.

Le roman devient le théâtre d'une histoire des mœurs, représentative de l'époque de Balzac. Tous les milieux sociaux sont décrits, commentés, mis en scène. Il s'agit d'une véritable étude scientifique de la société balzacienne, portée par un projet inédit : *La Comédie humaine*.

Ce projet hors du commun rompt avec une tradition qui reléguait le roman à l'arrière-plan, puisqu'il était alors perçu comme un genre littéraire peu noble et qui ne répondait à aucune règle fixe. À travers cette œuvre gigantesque qu'est *La Comédie humaine*, et qui ne regroupe pas moins de 3000 personnages différents, Balzac se fait l'inventeur du roman moderne. Il exploite tous les genres de cette catégorie avec des romans fantastiques, psychologiques, philosophiques, historiques, politiques, poétiques, etc.

L'écrivain donne ainsi un nouveau souffle au roman, qu'il inscrit dans une veine volontairement réaliste. Il s'agit désormais de dépeindre l'ensemble de toute une société par le biais de descriptions précises et approfondies. Mais il s'agit également de donner une réelle profondeur psychologique à des personnages qui seront représentatifs de toute cette société.

Les romans balzaciens observent avec précision et finesse la société du temps de l'auteur. Tous les milieux sociaux y sont dépeints, toutes les professions y sont représentées. Et c'est en cela que Balzac développe un renouveau du roman. L'ensemble de la société est passée au peigne fin pour en extraire les moindres détails qui deviendront la matière même des récits de l'écrivain.

Cette nouvelle dimension donnée au genre romanesque influencera de nombreux écrivains par la suite. *Le Lys dans la vallée* et *La Femme de trente ans* inspireront directement *L'Éducation sentimentale* et *Madame Bovary* de Gustave Flaubert. Et le système de cycle romanesque de *La Comédie humaine* sera repris plus tard chez Émile Zola avec les *Rougon-Macquart*, ou encore chez Marcel Proust à travers *La Recherche du temps perdu*.

Le réalisme avec lequel Balzac écrit ses romans ouvrira clairement la voie aux naturalistes, tels que Flaubert, Zola ou encore les frères Goncourt. Le concept de naturalisme, défini par Émile Zola, poussera à l'extrême l'expérience du réalisme. Il s'agira, notamment, d'appliquer la méthode des sciences expérimentales pour étudier les réalités humaines, en s'attachant à dépeindre tout particulièrement les bas-fonds de la société.

DANS LA MÊME COLLECTION
(par ordre alphabétique)

- **Anonyme**, *La Farce de Maître Pathelin*
- **Anouilh**, *Antigone*
- **Aragon**, *Aurélien*
- **Aragon**, *Le Paysan de Paris*
- **Austen**, *Raison et Sentiments*
- **Balzac**, *Illusions perdues*
- **Balzac**, *La Cousine Bette*
- **Balzac**, *Le Colonel Chabert*
- **Balzac**, *Le Lys dans la vallée*
- **Balzac**, *Le Père Goriot*
- **Barbey d'Aurevilly**, *L'Ensorcelée*
- **Barbey d'Aurevilly**, *Les Diaboliques*
- **Bataille**, *Ma mère*
- **Baudelaire**, *Les Fleurs du Mal*
- **Baudelaire**, *Petits poèmes en prose*
- **Beaumarchais**, *Le Barbier de Séville*
- **Beaumarchais**, *Le Mariage de Figaro*
- **Beauvoir**, *Mémoires d'une jeune fille rangée*
- **Beckett**, *En attendant Godot*
- **Beckett**, *Fin de partie*
- **Brecht**, *La Noce*
- **Brecht**, *La Résistible ascension d'Arturo Ui*
- **Brecht**, *Mère Courage et ses enfants*
- **Breton**, *Nadja*
- **Brontë**, *Jane Eyre*
- **Camus**, *L'Étranger*
- **Carroll**, *Alice au pays des merveilles*
- **Céline**, *Mort à crédit*

- **Céline**, *Voyage au bout de la nuit*
- **Chateaubriand**, *Atala*
- **Chateaubriand**, *René*
- **Chrétien de Troyes**, *Perceval*
- **Cocteau**, *La Machine infernale*
- **Cocteau**, *Les Enfants terribles*
- **Colette**, *Le Blé en herbe*
- **Corneille**, *Le Cid*
- **Crébillon fils**, *Les Égarements du cœur et de l'esprit*
- **Defoe**, *Robinson Crusoé*
- **Dickens**, *Oliver Twist*
- **Du Bellay**, *Les Regrets*
- **Dumas**, *Henri III et sa cour*
- **Duras**, *L'Amant*
- **Duras**, *La Pluie d'été*
- **Duras**, *Un barrage contre le Pacifique*
- **Flaubert**, *Bouvard et Pécuchet*
- **Flaubert**, *L'Éducation sentimentale*
- **Flaubert**, *Madame Bovary*
- **Flaubert**, *Salammbô*
- **Gary**, *La Vie devant soi*
- **Giraudoux**, *Électre*
- **Giraudoux**, *La Guerre de Troie n'aura pas lieu*
- **Gogol**, *Le Mariage*
- **Homère**, *L'Odyssée*
- **Hugo**, *Hernani*
- **Hugo**, *Les Misérables*
- **Hugo**, *Notre-Dame de Paris*
- **Huxley**, *Le Meilleur des mondes*
- **Jaccottet**, *À la lumière d'hiver*
- **James**, *Une vie à Londres*
- **Jarry**, *Ubu roi*
- **Kafka**, *La Métamorphose*

- **Kerouac**, *Sur la route*
- **Kessel**, *Le Lion*
- **La Fayette**, *La Princesse de Clèves*
- **Le Clézio**, *Mondo et autres histoires*
- **Levi**, *Si c'est un homme*
- **London**, *Croc-Blanc*
- **London**, *L'Appel de la forêt*
- **Maupassant**, *Boule de suif*
- **Maupassant**, *Le Horla*
- **Maupassant**, *Une vie*
- **Molière**, *Amphitryon*
- **Molière**, *Dom Juan*
- **Molière**, *L'Avare*
- **Molière**, *Le Malade imaginaire*
- **Molière**, *Le Tartuffe*
- **Molière**, *Les Fourberies de Scapin*
- **Musset**, *Les Caprices de Marianne*
- **Musset**, *Lorenzaccio*
- **Musset**, *On ne badine pas avec l'amour*
- **Perec**, *La Disparition*
- **Perec**, *Les Choses*
- **Perrault**, *Contes*
- **Prévert**, *Paroles*
- **Prévost**, *Manon Lescaut*
- **Proust**, *À l'ombre des jeunes filles en fleurs*
- **Proust**, *Albertine disparue*
- **Proust**, *Du côté de chez Swann*
- **Proust**, *Le Côté de Guermantes*
- **Proust**, *Le Temps retrouvé*
- **Proust**, *Sodome et Gomorrhe*
- **Proust**, *Un amour de Swann*
- **Queneau**, *Exercices de style*
- **Quignard**, *Tous les matins du monde*

- **Rabelais**, *Gargantua*
- **Rabelais**, *Pantagruel*
- **Racine**, *Andromaque*
- **Racine**, *Bérénice*
- **Racine**, *Britannicus*
- **Racine**, *Phèdre*
- **Renard**, *Poil de carotte*
- **Rimbaud**, *Une saison en enfer*
- **Sagan**, *Bonjour tristesse*
- **Saint-Exupéry**, *Le Petit Prince*
- **Sarraute**, *Enfance*
- **Sarraute**, *Tropismes*
- **Sartre**, *Huis clos*
- **Sartre**, *La Nausée*
- **Senghor**, *La Belle histoire de Leuk-le-lièvre*
- **Shakespeare**, *Roméo et Juliette*
- **Steinbeck**, *Les Raisins de la colère*
- **Stendhal**, *La Chartreuse de Parme*
- **Stendhal**, *Le Rouge et le Noir*
- **Verlaine**, *Romances sans paroles*
- **Verne**, *Une ville flottante*
- **Verne**, *Voyage au centre de la Terre*
- **Vian**, *J'irai cracher sur vos tombes*
- **Vian**, *L'Arrache-cœur*
- **Vian**, *L'Écume des jours*
- **Voltaire**, *Candide*
- **Voltaire**, *Micromégas*
- **Zola**, *Au Bonheur des Dames*
- **Zola**, *Germinal*
- **Zola**, *L'Argent*
- **Zola**, *L'Assommoir*
- **Zola**, *La Bête humaine*
- **Zola**, *Nana*